RÉFLEXIONS

ET

VUES NOUVELLES

SUR LE

GOUVERNEMENT

CONSTITUTIONNEL;

PAR M. DESERIN, MÉDECIN RETIRE A TAINGY.

AUXERRE,

IMPRIMERIE DE ÉD. PERRIQUET, RUE DE LA CLOCHE-BLEUE.

MARS. — 1831.

AVIS.

Lorsque je fis imprimer le Mémoire que j'ai l'honneur de soumettre aux Chambres, on n'avait pas encore agité la question vitale de l'hérédité de la pairie ; cette question, élevée depuis, paraît devoir être le sujet de nombreuses controverses, et semble déjà diviser la Chambre des Députés en deux partis. Quelques-uns ont cru devoir faire, avant leur nomination, une profession de foi, dans laquelle ils ont déclaré qu'ils voteraient contre l'hérédité de la pairie. Selon moi ils ont eu tort, et jamais je n'aurais donné mon suffrage à un candidat qui aurait fait une semblable profession de foi, 1° parce qu'il n'appartient point au candidat de lier le vote du Député ; 2° qu'un article de la Charte voulant que cette question fût soumise à une discussion solemnelle, on devait attendre que cette discussion eût lieu avant de se prononcer d'une manière aussi positive.

Je ne trouve point mauvais qu'un Député se présente à la Chambre avec des préventions contre l'hérédité de la pairie ; cela est naturel ; chacun a sa manière de voir et de juger les choses ; mais se prononcer sur un sujet aussi élevé que délicat d'une manière aussi affirmative avant d'être éclairé par la discussion, cela ne me paraît pas juste.

Que dirait-on d'un juré qui, sur la simple lecture d'un acte d'accusation, condamnerait l'accusé avant d'avoir entendu les débats, ou d'un juge qui jugerait une affaire sur la seule audition d'une des parties? Tout le monde les accuserait de prévention, de partialité, et désapprouverait une pareille conduite. Or, je le demande, n'est-ce pas ce que vient de faire le Député qui a promis, avant sa nomination, de voter contre l'hérédité de la pairie? Mais, dira-t-on, le candidat, en faisant cette profession de foi, a voulu par-là mettre les électeurs qui devaient le nommer, à portée de juger eux-mêmes la question, et de le diriger dans la conduite qu'il devra tenir à la Chambre. Ce raisonnement n'est point exact, il est susceptible d'erreur, 1° parce que l'électeur peut bien avoir aussi des préventions contre la chose sans la connaître, préventions qui lui seront le plus souvent suggérées par la lecture du journal qu'il lira, et dont il finira par adopter l'esprit; ainsi il n'aura vu l'affaire que d'un côté, c'est-à-dire dans l'opinion du parti auquel le journal appartiendra; il ne sera donc pas suffisamment instruit pour juger une question aussi importante que délicate; 2° que le candidat, lorsqu'il a fait sa profession de foi, et l'électeur, lorsqu'il l'a nommé, n'ont pu faire la part des événemens imprévus et extraordinaires qui pourraient naître pendant le cours d'une session et qui mettraient le Député sous l'empire de la nécessité; d'où il résulte qu'il doit toujours rester libre de son vote.

Tout le monde connaît la part qu'a pris le célèbre Franklin à l'affranchissement de l'Amérique; lors de la discussion de la constitution qui la régit aujourd'hui, Franklin en combattit la plupart des principaux articles; ainsi il ne voulait qu'une chambre, cependant la majorité décida qu'il y en aurait deux. Son opinion n'ayant pas prévalu, on s'attendait qu'il voterait le rejet de cette constitution; mais Franklin ne voyant que l'intérêt de son pays qui était sur le point de se désunir, et qui eût pu retomber par suite de cette désunion sous la domination anglaise, n'hésita pas à l'adopter, convaincu qu'il était que, quoique imparfaite, son adoption était le seul moyen de réunir les divers Etats de l'union. Son opinion motivée détermina un grand nombre de ses collègues à suivre son exemple. Imitez-le, législateurs; ne voyez que le bien du pays; faites le sacrifice de vos opinions personnelles dans l'intérêt général. Rien ne vous lie; le Député est toujours libre de son vote, et il ne doit jamais le donner sans être suffisamment éclairé, sans avoir consulté scrupuleusement sa conscience et qu'après avoir acquis la certitude que ce vote sera dans l'intérêt du pays.

Pour que le Député puisse bien juger une question, il est essentiel qu'il l'examine et la discute sans prévention, qu'il la voie sous toutes les faces, qu'il la considère dans tous ses points de contact avec les objets auxquels elle se rapporte. Je vais examiner si les réunions isolées qui ont lieu peuvent conduire à ce résultat; je ne le pense pas.

Deux réunions ont lieu, l'une dans le parti du ministère, l'autre dans celui de l'opposition; les députés ont adopté l'une ou l'autre, suivant leur opinion ; quelques-uns, plus sages, se sont associés aux deux réunions afin de mieux s'éclairer ; ils ont eu raison : car on conçoit que les questions traitées dans ces réunions le seront toujours sous le point de vue et dans l'esprit du parti qui a formé la réunion ; ne serait-il pas à craindre, en outre, que les Députés de bonne foi y fussent trompés par les meneurs du parti ? N'a-t-on pas vu, à la dernière session de la Chambre, de ces meneurs avancer des faits faux et mensongers pour faire adopter le système qu'ils avaient embrassé ? D'ailleurs ces réunions prendront beaucoup de tems à MM. les Députés, tems qu'ils pourront employer plus utilement à faire les recherches nécessaires pour s'éclairer.

On objectera que le Député n'ayant pas des connaissances positives sur les diverses branches de l'administration, trouvera dans ces réunions, des collègues qu'il pourra consulter ; mais n'aura-t-il pas le même avantage dans la salle des conférences où se réunissent MM. les Députés ? D'ailleurs ces réunions ont, à mon avis, le grave inconvénient, non-seulement de fatiguer et de faire perdre beaucoup de tems aux Députés, mais encore celui de les diviser, et par suite les Français ; de faire arriver les Députés à la Chambre avec une certaine prévention pour ou contre la question qui doit y être mise en discussion. Il serait donc à désirer que ces réunions n'eussent pas lieu, puisque les avantages qu'elles présentent peuvent facilement être remplacés, et qu'elles offrent, au contraire, de graves inconvéniens.

Je dirai un mot sur l'hérédité de la pairie : j'ai lu tout ce que le parti contre l'hérédité a écrit à ce sujet; je n'y ai vu aucun motif suffisant pour la faire rejeter entièrement. La composition de la Chambre haute d'Angleterre, celle de la Chambre des Pairs en France, prouvent que les fils n'ont point dégénéré de leurs pères. L'admirable conduite de plusieurs Pairs dans les journées de juillet, démontre que, lorsque les libertés sont en danger, ils sont prêts à les défendre au péril de leur vie. Notre Charte admet l'hérédité des titres, nos Codes un certain privilège, celui, par exemple, qu'a le père de disposer d'une portion de ses biens, etc. Il faudra donc tout changer ?

L'hérédité me paraît avoir des avantages incontestables; le Pair, par droit de naissance, ne devant aucune reconnaissance au pouvoir, sera plus libre que celui qui l'aura nommé pour discuter ses actes; on évitera par-là de voir l'intrigant l'emporter souvent sur l'homme de mérite qu'y appelait l'opinion publique, parce que le pouvoir redoutera le dernier, tandis qu'il sera sûr d'avoir toujours le suffrage du premier (ce qui peut avoir des suites fâcheuses pour la tranquillité publique). Je ne prétends pas dire par-là que toutes les places doivent appartenir à l'hérédité; au contraire, d'après mon système, la moitié des places serait élective et à vie.

J'ai dit, dans ce Mémoire, que le Gouvernement constitutionnel, lorsque les pouvoirs sont en parfaite harmonie et l'administration bonne, était celui des gouvernemens qui devait procurer le plus de bonheur aux administrés : pour cela il faut que les pouvoirs qui le composent soient sagement équilibrés, autrement il y aura un froissement continuel qui amènera nécessairement un malaise général. Or, je le demande, si la royauté est isolée et qu'elle ne trouve pas un point d'appui dans une portion de la Chambre des Pairs dont l'origine sera semblable à la sienne, pourra-t-elle lutter contre la Chambre des Députés qui, à chaque élection, recevra une nouvelle vie? Non, la chose sera impossible, il faudra qu'elle succombe. Cette considération importante n'échappera pas à MM. les députés.

On ne saurait se dissimuler qu'il existe aujourd'hui un parti puissant qui agit contre le Gouvernement actuel, et cherche à le renverser. Le but de ce parti, depuis la dernière session des Chambres, est de diviser le pouvoir et d'isoler la royauté du ministère. Les journaux qui sont ses organes, respectent l'une et parlent constamment avec dédain de l'autre pour le discréditer dans l'opinion publique; ils publient alternativement des lettres qui sont censées venir de Bruxelles, Lisbonne, Constantinople et autres lieux, qui annoncent la faiblesse du Gouvernement, auquel on adresse le reproche de ne savoir pas même faire respecter les Français ni l'honneur national dans ces pays; d'autrefois ils font un éloge pompeux du gouvernement américain, qu'ils citent constamment comme gouvernement-modèle (1). C'est depuis qu'on a rêvé de donner ce mode

---

(1) C'est le gouvernement à bon marché, dit-on; le fait est vrai.

de gouvernement à la France qu'on a conçu l'idée de supprimer totalement l'hérédité de la pairie ; alors nos Chambres législatives seraient dans une position relative à celles d'Amérique. Quant au pouvoir exécutif, on espère qu'en isolant le Roi de son ministère, on le forcera plus facilement à choisir des ministres qui conviendront au parti : si le Roi s'y refuse, il faudra suivre l'exemple de Don Pédro et abdiquer : on nommerait un président.

Tel est le rêve de la faction ; mais combien de partis se montreraient alors en France ? les républicains de 93, réunis aujourd'hui au parti américain, ne tarderaient pas à s'en séparer et à faire prévaloir leur affreux système ; déjà les journaux de ce parti cherchent à provoquer de nouveaux bouleversemens, en prêchant un système contre la Charte et contre les lois. Ils voudraient

---

Mais l'Amérique n'a que quelques mille hommes de troupes à entretenir ; la France en a créé cinq cent mille et en entretient six cents ; l'Amérique a quelques places fortes mal entretenues et mal armées ; la France vient d'en fortifier et d'en armer cinquante depuis six mois ; elle vient d'armer un million de gardes nationaux, etc. Je ne pousserai pas plus loin ce parallèle. D'ailleurs, c'est à MM. les Députés à demander des économies partout où elles sont susceptibles d'être faites ; loin de les exclure, la forme de notre gouvernement les rend faciles. Mais nous sommes encore en révolution ; et tant que celle d'Amérique n'a pas été faite, le pays n'était point heureux ; il a été forcé de faire des emprunts ; ainsi le parallèle qu'on veut établir entre ces gouvernemens n'est donc pas juste.

diviser les pouvoirs de l'Etat, et faire la Chambre des Députés pouvoir constituant. Si un pareil système prédominait jamais, à combien de malheurs la France ne serait-elle pas exposée? Espérons que la sagesse de MM. les Députés fera avorter tous ces sinistres projets.

Je ne cherche point à justifier le pouvoir; il a fait des fautes, il a quelquefois méconnu sa position; mais je crois qu'on exagère trop celles du ministère actuel et qu'on ne lui tient pas assez compte des difficultés en tout genre qu'il a eu à surmonter. Qu'on se reporte à l'époque où il s'est mis à la tête des affaires, et qu'on compare nôtre situation actuelle avec celle d'alors, et on verra combien elle s'est améliorée.

On lui reproche d'avoir presenté des lois moins libérales qu'il ne les avait promises. Si on lit les projets de lois (soumis aux chambres) sur la garde nationale et sur les élections, on y voit que les bases proposées par le Gouvernement sont beaucoup plus larges dans ces projets que dans les lois. La loi municipale, la plus mauvaise des trois, est née dans la Chambre des Députés; il est injuste d'en faire un reproche au Gouvernement. C'est à l'esprit de parti qui dominait dans la dernière Chambre qu'on doit attribuer toutes les imperfections qui existent dans ces lois, et non au Gouvernement. La Chambre actuelle saura mettre à profit ce fâcheux exemple.

Quant aux reproches de faiblesse qu'on lui fait pour la conduite qu'il a tenue envers les puissances, ils ne sont pas plus fondés; l'éloignement des Carlistes de nos frontières, la soumission du Portugal, la Belgique reconnue,

sous ses auspices, Etat indépendant, prouvent son in-
fluénce et qu'il sait se faire respecter. Si ses démarches
en faveur de l'héroïque Pologue n'ont pas encore été
couronnées de succès, ne l'attribuons qu'aux obstacles
insurmontables qui s'y opposaient (1).

---

(1) Le Gouvernement ne pouvait armer en faveur de la Pologne
sans s'indisposer les populations de l'Allemagne qu'il eût exposées
à la contagion du cholera-morbus et sans déclarer la guerre à la
Prusse. Admettons qu'il y eût envoyé une armée ; celle-ci, presque
entièrement composée de recrues, eût été promptement détruite
par l'influence du climat, la nostalgie et le cholera-morbus. Qu'on
se rappelle ce qui est arrivé à notre armée dans ce pays en 1812.
D'ailleurs la Pologne n'a pas besoin de soldats, elle n'en manque
pas ; ce qui lui manque aujourd'hui, c'est l'argent ; le Gouvernement ne peut lui en donner : c'est aux âmes généreuses à le faire.

Il est un moyen simple et facile d'atteindre ce but sans s'imposer
de grandes privations ; que MM. les électeurs, dont la position
suppose une certaine aisance ; que les personnes sensibles au noble
dévouement et à l'héroïsme de ce peuple malheureux s'imposent
l'obligation de payer tous les mois une somme quelconque (ne fût-
elle que de cinq francs) tant que la guerre durera ; qu'un électeur,
par canton, se charge de recevoir cette somme et de la faire par-
venir, sans frais, dans les caisses du Gouvernement, qui ferait
passer ces fonds dans celle du comité polonais. De cette manière
on lui fournira le moyen de soutenir la guerre avec avantage. Si
ma proposition est accueillie, je me soumets à payer cent francs par
mois tant que durera la guerre, et à recevoir, dans mon canton ,
les dons de ceux qui s'intéressent au sort des Polonais.

Que la France donne l'exemple d'un pareil dévouemont, on
verra bientôt les peuples voisins l'imiter ; ce moyen peut accélérer
les négociations entamées et sauver la Pologne.

Telles sont, Législateurs, les observations que les prétentions élevées depuis l'impression de ce Mémoire m'ont fait naître et que j'ai cru devoir vous soumettre dans l'intérêt du pays ; vous les peserez dans votre sagesse, vous les apprécierez, et vous ne vous laisserez point influencer par les craintes chimériques et les terreurs paniques qu'on cherchera à répandre lors de la discussion de la loi sur l'hérédité de la pairie. Vous imiterez l'exemple des membres du congrès belge ; vous ne verrez, comme eux, dans la résolution que vous prendrez, que le salut du pays et la stabilité de ses institutions ; vous ne craindrez pas de rendre fort le pouvoir exécutif ; plus il le sera, et plus la tranquillité du pays sera assurée. Vous ne devez pas redouter qu'il devienne jamais oppresseur, il ne le pourrait pas lors même qu'il le voudrait, puisqu'il ne peut lever un homme ni un écu sans l'autorisation des Chambres, aujourd'hui que la tribune existe, que la presse est libre et le droit de pétition consacré. Une fois qu'un système électif à larges bases sera établi (1), que les ministres et les agens se-

---

(1) Je suppose que les électeurs nommeront les membres du conseil général de département et ceux des conseils d'arrondissement (si on conserve ces derniers) ; je suppose aussi que le nombre des nominations pour chaque arrondissement sera proportionné à sa population, et non établi d'après la base qui existe aujourd'hui.

Je proposerai de faire nommer, par ces mêmes électeurs, autant de membres du conseil général en plus qu'il y a de conseillers de préfecture. Ainsi, dans mon département, où il y a 20 membres du conseil général et quatre conseillers de préfecture, les électeurs

condaires du pouvoir seront responsables et que ces derniers jouiront d'une certaine indépendance , que l'instruction sera introduite dans toutes les classes de la société, qu'aura donc le pays à redouter du pouvoir? je ne le vois pas.

---

nommeraient 24 membres pour le conseil général; la liste serait présentée au Roi, qui choisirait parmi ces 24 membres les 4 qu'il jugerait les plus capables pour remplir les places de conseillers de préfecture; leurs fonctions dureraient autant que celles des membres du conseil général; ils pourraient également être réélus; ils recevraient un traitement qui serait fixé par la loi.

Ces conseillers seraient placés à la tête de chaque bureau; ils examineraient et dirigeraient les affaires locales comme le faisaient autrefois les administrateurs du département après en avoir conféré avec le préfet.

Toutes les affaires seraient adressées au préfet, qui renverrait à chaque bureau celles qui le concernent. Le conseiller placé à la tête du bureau, après l'avoir examiné, en ferait son rapport au conseil, présidé par M. le préfet. Elles seraient toujours discutées devant les parties intéressées ou leur fondé de pouvoir. Le préfet les ferait prévenir du jour où la discussion aurait lieu.

Ces conseillers ne pourraient s'immiscer dans aucunes des attributions des préfets, fixées par la loi; ils n'auraient aucun rapport direct avec le Gouvernement; la police du département appartiendrait entièrement au préfet, etc. ; celui-ci leur renverrait également celles des affaires qu'il jugerait convenables.

On peut voir, à ce sujet, le Mémoire que j'ai publié en 1828 sur les institutions municipale et départementale, où je suis entré dans de grands détails. J'en ai fait distribuer dans le tems un exemplaire à chaque membre du Gouvernement et des Chambres. Ainsi, MM. les Députés qui siégeaient alors à la Chambre pourront le consulter.

Pour atteindre ce but et faire le bien, il est essentiel qu'il ne se forme pas de partis dans la Chambre; toutes les opinions doivent y être représentées, mais elles doivent toutes se rapprocher dans l'intérêt général. Si les adjonctions n'ont pas eu lieu dans la loi électorale ; si les bases d'élection dans la loi municipale sont si étroites et si mesquines, c'est la division qui régnait parmi les membres de la dernière Chambre qui en a été cause. Ne faites point la même faute, Législateurs ; formez un faisceau indissoluble, et bientôt la France vous devra son bonheur et sa tranquillité.

AUXERRE Imp. de Ed. PERRIQUET. — 1831.

INTRODUCTION.

Le Mémoire que je publie aujourd'hui devait paraître en janvier dernier avec celui sur la Loi électorale que j'ai fait distribuer aux membres du gouvernement et des deux Chambres.

Ces mémoires réunis se seraient soutenus reciproquement, les raisonnemens et les faits se seraient appuyés, corroborés, et auraient amené, par leur ensemble, une conviction plus intime des principes que j'avance et des doctrines que j'émets : une maladie qui m'est survenue, m'a empêché de mettre à exécution ce projet. Le rapport de la loi électorale devant être fait d'un moment à l'autre, et mes observations sur cette loi pouvant être utiles, un de mes amis a bien voulu se charger de surveiller l'impression du premier.

Les nouveaux événemens qui viennent de se passer à Paris ne font que me fortifier dans les idées que j'ai émises sur cette loi, et dans celles que j'ai conçues du gouvernement représentatif.

Ce mémoire sera distribué, comme le premier, aux membres du Gouvernement et des chambres ; ainsi ils connaîtront les raisonnemens et les faits, ils pourront les apprécier et les juger.

Je profiterai de ce retard pour dire franchement mon opinion sur ces événemens et sur les circonstances qui les ont amenés. Placé à plus de cinquante lieues du théâtre où ils se sont passés, étranger à tout parti, maître de toutes passions, dégagé de tout intérêt et de toute ambition, ne voyant et ne voulant que le bien du pays, c'est dans cette situation heureuse et dans le silence de la solitude qu'on peut bien les juger.

Je me dispenserai de toute profession de foi ainsi qu'on a la manie d'en faire; les Mémoires que j'ai publiés sur plusieurs branches de l'administration, et mes actes, en diront davantage.

J'observerai cependant que j'ai toujours pensé que les sympathies et les affections pour le pays et le prince qui est à sa tête doivent être les mêmes, s'identifier, se confondre, et qu'on ne peut les diviser ni les séparer tant qu'ils restent unis; mais si le chef de l'Etat se sépare du pays, c'est au sol auquel on doit s'attacher, c'est lui qu'on doit défendre, c'est le premier devoir des citoyens. Elevé par mon père dans ces principes conservateurs, ils seront ceux de toute ma vie : frappé par la réquisition en 92, je partis avec plaisir pour les défendre; je me conduisis en 1815 et 1830 d'après ces principes.

Les opinions que je vais émettre sur le Gouvernement constitutionnel trouveront des contradicteurs, mais les hommes prudens, éclairés et prévoyans auxquels je les soumets, les méditeront, les pèseront dans leur sagesse, et finiront, je l'espère, par les adopter après un mûr examen.

Lorsque Louis XVIII, de glorieuse mémoire, donna à la France un gouvernement constitutionnel, les citoyens l'acceptèrent avec reconnaissance, comme devant leur procurer de grands avantages; ils se rappelaient ceux dont jouissait un peuple voisin, et espéraient que cette forme de gouvernement introduite dans notre pays, s'y façonnerait facilement et augmenterait la richesse et le bonheur du peuple. Je partageai cette opinion, et l'adoptai franchement : cependant l'expérience n'a pas entièrement répondu à l'attente qu'on avait conçue. Je vais chercher à en connaître les causes, et à indiquer les moyens d'y remédier.

Avant de parler des divers pouvoirs qui composent le Gouvernement constitutionnel, je vais exposer quelques considérations générales qui ne seront pas dénuées d'intérêt.

L'homme, pour vivre en société et jouir paisiblement des avantages qu'elle procure (chacun dans sa position relative), doit faire, dans l'intérêt commun, le sacrifice d'une partie de sa liberté; ainsi il ne peut espérer l'avoir entière, comme cela a lieu chez les peuples nomades, autrement il n'y aurait pas de société possible; d'où il résulte, que la sphère dans laquelle l'homme doit se mouvoir dans les pays civilisés, a des limites qu'il ne saurait franchir, sans intervertir l'ordre social, et exposer la tranquillité publique à être troublée.

Les hommes, réunis ainsi en société, ont adopté différentes formes de Gouvernement qu'on peut réduire à trois principales, connues sous les noms de monarchie absolue, monarchie constitutionnelle et de république.

Ces gouvernemens sont plus ou moins faciles à établir, suivant les circonstances qui les précèdent, celles qui les amènent et les accompagnent; en général il est essentiel que celui qu'on place à la tête de l'un ou de l'autre de ces gouvernemens, sache bien apprécier sa position, qu'il joigne à une grande connaissance du cœur humain, une grande force d'âme, beaucoup de fermeté, de finesse d'esprit, de persévérance et de discernement dans les choix des personnes qui devront le seconder, tel a été Napoléon; autrement la tranquillité publique sera souvent compromise et le gouvernement aura de la peine à s'affermir. Je vais parler succinctement de ces trois gouvernemens.

DE LA MONARCHIE ABSOLUE.

La monarchie absolue serait, à mon avis, le meilleur des gouvernemens, si on était assez heureux pour avoir toujours pour chef un prince juste, éclairé et sage comme Louis XII. C'est le gouvernement qui présente le plus de stabilité et où il y a le plus d'unité d'action, parce que l'administration y est rarement collective; c'est aussi celui où les passions ont le moins d'occasions d'être mises en jeu.

Ce gouvernement n'a pas de loix fixes, il est vrai; mais il a un code invariable de modération, de douceur et d'équité qui en fait la règle; aucune passion n'y est déchaînée, chacun se façonne à sa position et finit par la supporter sans regrets : mais si le chef d'un pareil gouvernement est un prince ambitieux, débauché, faible où superstitieux, il est le plus mauvais de tous, parce qu'étant absolu, on n'a nul moyen d'arrêter ses passions, aucun citoyen n'ose élever la voix contre un pareil état de choses et les peuples gémissent dans la plus affreuse misère.

Ce gouvernement a cela de particulier, c'est qu'ayant plus d'unité d'action que les autres, il est plus susceptible de réussir dans les entreprises qu'il fait; aussi estce celui qui a fourni presque tous les conquérans qui ont subjugué les peuples et dévasté les nations.

DE LA MONARCHIE CONSTITUTIONNELLE.

La monarchie constitutionnelle tient de la monarchie absolue et de la république, c'est un espèce de Gouvernement mixte, il se compose de trois pouvoirs distincts dont deux peuvent être considérés comme envahissans et le troisième comme pondérant ou régulateur. Ce Gouvernement à des lois fixes qui indiquent à chacun ses attributions et les devoirs qu'il a à remplir : pour un peuple éclairé, ce Gouvernement est le meilleur, puisque tous les hommes peuvent lire dans la loi et connaître les obligations qu'elle leur impose (1). Ce Gouver

(1) Il est bien étonnant que le gouvernement et les chambres qui parlent sans cesse du besoin de l'instruction, ne profitent pas des circonstances favorables qui peuvent la développer. Si on eut suivi mes idées, la génération actuelle et toutes celles à venir auraient su lire et écrire. Il suffisait de dire dans la loi municipale que ceux qui savaient lire et écrire et étaient portés sur le rôle des contributions, voteraient; qu'à une époque indiquée dans la loi, ils pourraient être nommés membres du conseil municipal; et dans la loi électorale, que celui qui ne saurait ni lire ni écrire à la même

nement présente moins de stabilité, moins d'unité d'action que le précédent, les passions y sont plus souvent mises en jeu, parce que l'administration y est plus compliquée; ces inconvéniens y sont largement compensés par l'aisance, les lumières, l'industrie, et, en général, toutes les vertus et les qualités qui honorent l'homme; elles s'y rencontrent plus souvent que dans le premier.

La somme de bonheur dont jouiront les peuples qui vivront sous ce Gouvernement, dépendra de l'accord parfait, de la bonne harmonie qui règneront entre les trois pouvoirs, accord et harmonie qui seront toujours subordonnés à leur mode d'action, selon qu'ils s'écarteront où se renfermeront dans la sphère d'autorité que la loi leur aura donnée; cette sphère devra être plus ou moins grande, suivant le caractère de la nation qui y sera soumise. Le grand soin sera de bien circonscrire celle dans laquelle chaque pouvoir devra agir.

DE LA RÉPUBLIQUE.

La république est considérée comme le Gouvernement où il y a le plus de liberté; cependant l'expérience de tous les peuples anciens et modernes prouve que si

---

époque perdrait son droit d'électeur. Je désirerais encore que le Gouvernement fît faire par un homme apte et instruit une espèce de cathéchisme où serait extrait, de nos codes, ce qui est nécessaire que chacun sache, avec un commentaire ou des réflexions sages sur chaque article. Ce catéchisme serait donné aux enfans dans les écoles, et on le leur ferait apprendre concurremment avec l'autre. Les impressions de l'enfance étant les plus fortes et les plus durables, elles fructifieraient à mesure qu'elle avancerait en âge.

cela a eu lieu à quelques époques de leur existence, il en est d'autres où ils ont été dans l'anarchie et même dans une espèce d'esclavage. Il est celui de tous où il y a le moins de stabilité, d'unité d'action et où les passions sont le plus souvent déchaînées; sous ce rapport il ne convient qu'à de petits Etats.

Quoique ce soit l'espèce de Gouvernement dans lequel on remarque le plus de traits sublimes d'héroïsme, de dévouement et de désintéressement, cependant il est celui de tous qui sait le moins se défendre dans le danger en raison de son défaut d'unité d'action; aussi est-il obligé, dans les crises violentes, de se nommer un dictateur.

Ce Gouvernement est celui qui coûte le moins à administrer, quoique l'administration y soit le plus ordinairement collective.

On a essayé de donner ce Gouvernement à la France, mais l'expérience a démontré qu'il ne lui convenait pas, en raison de sa grande étendue, de son immense population, du caractère léger de ses habitans, et de sa position au milieu de la vieille Europe : ainsi ceux qui voudraient le voir établir parmi nous, semblent méconnaître l'histoire des peuples et celle de leur pays : ce serait le pire des maux qui pourraient lui arriver.

Je ne parlerai pas du Gouvernement de l'Amérique du nord. La position de ce pays, son isolement des autres nations, sa population, alors peu nombreuse, ont pu lui permettre de prendre tel forme de Gouvernement qu'il lui a plu, sans exciter de jalousies ni de haine. Je demanderai si notre position est la même et si on doit espérer les mêmes résultats? J'ai l'intime conviction que la chose est impossible.

La génération actuelle a un grand avantage, celui d'avoir vu et vécu sous ces trois Gouvernemens, d'avoir pu les apprécier, les comparer et les juger. C'est après un mûr examen que je me suis décidé pour le constitutionnel, aussi n'ai-je point hésité à dire, dans le mémoire que je publiai en 1828, que c'était celui qui devait procurer à l'homme vivant en société la plus grande somme de bonheur, lorsque les lois y sont franchement et loyalement exécutées, autrement il serait le plus immoral et le plus mauvais de tous (1).

Ce gouvernement étant mixte, doit emprunter aux deux autres ce qu'ils ont de bon et d'utile : ainsi il prendra au premier son unité d'action, en donnant au pouvoir exécutif une autorité et une force suffisantes pour le

____

(1) J'avançai alors qu'avant la fin du siècle les puissances de l'Europe l'auraient adopté. En indiquant ce tems j'avais compté sur la marche ordinaire de l'esprit humain. L'expérience de tous les tems a appris en effet, que l'homme arrivé à un certain âge, content de ce qu'il sait, de ce qu'il possède, n'aime plus à innover, ni à se frayer de nouvelles routes : je comptais que ce serait la génération nouvelle qui l'adopterait ; mais les événemens de juillet ont avancé d'un demi-siècle la marche des tems. Les événemens postérieurs l'ont encore accélérée, en sorte que le gouvernement qui avait adopté la marche progressive sera obligé d'en changer et de prendre l'accélérée. Cependant je persiste à croire que la progressive eût été préférable. Mais il faut marcher puisque les événemens nous poussent, et qu'on n'a pas su les maîtriser à tems.

faire respecter au dedans et au dehors, sans qu'il puisse en user pour devenir oppresseur; il dirigera le mouvement et l'opinion, pour que l'ordre et la tranquillité publique ne soient point troublés (1); et au deuxième, le concours des lumières et de l'expérience des hommes sages et désintéressés que le pays renferme, en les réunissant en administration collective.

J'ai dit que le bonheur des peuples qui vivaient sous ce gouvernement dépendait de l'accord et de la bonne harmonie qui régnaient entre les trois pouvoirs qui le composent; que parmi ces trois pouvoirs, deux peuvent être considérés comme envahissans et le troisième comme pondérant ou régulateur.

Je vais maintenant examiner séparément chacun de ces trois pouvoirs sous leurs rapports actuels, et sur ce qu'ils devraient être d'après ma manière de les considérer.

DU POUVOIR EXÉCUTIF.

Il se compose du Roi et d'un nombre déterminé de ministres responsables. Le Roi est comme placé dans une enceinte impénétrable en raison de son ministère. Le monarque est le dépositaire de toute la puissance et

______

(1) Le pouvoir exécutif ne peut plus lever aujourd'hui un écu et un homme sans l'autorisation des chambres; les fonctionnaires publics jouiront dans peu, je l'espère, d'une certaine indépendance; les soldats n'étant plus au service que pour cinq ans, sortant et devant rentrer dans la milice citoyenne, il lui est impossible de devenir oppresseur.

de la majesté nationale. Son premier soin, en prenant les rênes de l'Etat, doit être de se former un plan fixe et invariable de conduite, basé d'après la situation et les besoins connus ou présumés du pays. Ces besoins varieront d'après les événemens qui l'auront placé sur le trône. Ainsi, Louis-Philippe y est monté dans les circonstances les plus difficiles (1), qu'on n'a peut-être pas assez appréciées, et qui exigeront de sa part beaucoup de fermeté et un grand discernement dans le choix de ses ministres ; il devra donc recommander à son premier ministre de lui présenter de bons choix à faire, de chercher moins des orateurs que des administrateurs ; et c'est pour n'avoir peut-être pas assez fait attention à cette dernière qualité, que l'administration de la France laisse tant à désirer depuis six mois, que tout y languit, que la désunion s'est mise parmi les pouvoirs, et que la malveillance a levé la tête (2).

---

(1) D'après le nouveau mode d'élection, divers partis devaient indubitablement se former dans le pays ; trop d'intérêts étaient froissés, trop d'amours-propres blessés, et trop d'ambitions nouvelles surgissaient pour n'avoir pas à le craindre.

J'ai dit ailleurs que ce Gouvernement pouvait marcher dans quelle que position que se trouvât celui qui est à sa tête ; je supposais alors le Gouvernement bien établi, car, pour l'établir, il faut à celui qui en est le chef, toutes les qualités indiquées page 6.

(2) Lorsque Charles X rentra en France, il dit à ceux qu'il entouraient : « Vous n'avez qu'un Français de plus. » Il paraîtrait que lorsque Louis-Philippe est monté sur le trône, on aurait dit : Il n'y a qu'un Français de déplacé ; voulant annoncer par-là que tous ceux qui se conduiraient bien, conserveraient leur emploi. On

Ses ministres devront avoir la même opinion, de manière qu'il y ait entre eux une homogénéité parfaite, comme s'ils formaient un seul homme : de cette homogénéité résultera le repos du pays ; si elle n'existe pas, il sera troublé, ainsi qu'on a pu en juger lors de la discussion à la chambre sur les journaux.

Un ministre doit émettre son opinion dans le conseil du Roi et suivre l'impulsion de sa conscience ; sa résistance à une mesure prise contre sa conviction est louable et juste ; mais si la mesure est adoptée contre son avis, il doit s'y soumettre ou se retirer ; et s'il est député, il n'a plus le droit de venir la combattre à la chambre (1), dût-il y gagner ou y perdre de sa popu-

---

a compté sur la reconnaissance ; et on a eu tort. Si les hommes qui ont été à la tête du ministère de l'interieur eussent bien connu le cœur humain et les passions qui dominent dans certaines classes de la société, ils auraient été plus surveillans, et auraient prévenu bien des malheurs.

(1) Se lever ou voter contre la mesure, c'est la combattre. Le principe de la réélection me paraît juste : il faut offrir à l'homme qui peut servir son pays de plusieurs manières l'occasion de le faire ; mais un ministre n'a-t-il pas souvent des intérêts opposés à ceux de la chambre à débattre devant elle ? peut-il alors remplir ses devoirs de ministre et ceux de député ? Qu'on se rappelle ce qui est arrivé lors de la loi du double vote. Je pense donc que pendant tout le tems qu'un député est ministre, sa fonction de député devrait être suspendue. Je pense également que la réélection ne devrait avoir lieu que pour ceux qui occupent des places à Paris ; car si vous nommez un député pour remplir un emploi à 50 lieues, c'est que vous le croyez utile et apte à cet emploi ; cependant il est évi-

larité; autrement il en résulterait perturbation dans l'ordre social, ainsi que cela est arrivé à l'époque indiquée.

Le pouvoir exécutif étant seul permanent, doit diriger les deux autres; seul il devrait faire et présenter toutes les lois dont le pays a besoin, parce que lui seul a les données suffisantes pour les faire bonnes. Un député, un pair, peuvent voir ce qui est utile à leurs localités; mais qui assurera que ce qui est bon pour tel pays ne sera pas nuisible pour tel autre? Il faut avoir des données générales et positives, je le répète, pour faire de bonnes lois, le Gouvernement seul a cet avantage (1). Je citerai à l'appui de mon opinion les lois qui ont été faites par l'une et l'autre chambre : quoique la nouvelle Charte donne ce droit à leurs membres, je les invite à n'en pas user, et à se borner aux prérogatives que leur accordait l'ancienne Charte à cet égard.

J'ai dit que le pouvoir exécutif devait avoir assez d'autorité et de force pour faire exécuter les loix et se faire respecter au-dedans et au-dehors; elles ne peuvent, selon moi, être trop grandes, et elles doivent

____

dent qu'il ne pourra pas le remplir s'il reste à la chambre. Je laisse au lecteur à tirer de cette observation la conséquence qu'il jugera convenable.

(1) Tout le monde conviendra que dans plusieurs départemens de l'ouest et du midi les principes constitutionnels, ou si l'on veut, l'éducation constitutionnelle y est moins avancée que dans ceux de l'est et du nord; ainsi, n'est-il pas possible qu'un député ou un pair de ces départemens présente aux chambres une loi bonne pour leur département et mauvaise pour un autre?

toujours être proportionnées à l'étendue du pays qu'il gouverne et au caractère de ses habitans; son action doit toujours être parfaitement libre, mais cette autorité et cette force, il doit les puiser entièrement dans la loi; si elles lui manquent, il faut qu'il les demande aux chambres.

Le pouvoir exécutif tend naturellement à acquérir de nouveaux droits, à les agrandir, etc., et c'est sous ce rapport que je le considère comme un des pouvoirs envahissans qui s'appuie sur l'armée pour l'exécution de ses projets; mais celle-ci ayant ses racines dans les masses, il est aujourd'hui moins à redouter que l'autre; cependant on a agi sagement en lui posant des limites invariables dans la Charte et les lois. Il y en a encore une à rendre, c'est celle sur la responsabilité des ministres : celle-ci est une des plus importantes du Gouvernement représentatif, elle rentre dans mon sujet; voilà pourquoi je me permettrai d'en parler.

J'ai dit que le Roi était placé dans une enceinte impénétrable, en raison de son ministère responsable; ainsi la loi ne peut l'atteindre; la garantie qu'il donne au pays est toute morale; il lui en fallait une autre; ce sont les ministres qui proposent et exécutent les actes qui la donnent. Ceux-ci et leurs agens sont passibles de blâme et de peines s'ils gèrent mal (1); ce sera à la loi à fixer ces peines suivant la nature des délits.

On a proposé à la chambre d'en exclure la peine de mort pour les délits politiques; elle l'a décidé. Je crois

____

(1) Selon moi, le Gouvernement est susceptible de blâme pour n'avoir pas prévenu les derniers événemens de février puisqu'il

qu'elle a fait une grande faute, et les résultats ont prouvé qu'elle avait pris cette décision, au moins, dans un tems inopportun. Je pense qu'on fera bien de restreindre l'application de cette peine; mais l'exclure, serait, à mon avis, une grande erreur. Peut-il, en effet, exister un crime plus grand que celui commis par le dernier ministère? et si quelques ministres n'ont agi que par soumission, faiblesse ou ambition, il en est un qui méditait depuis long-tems cet affreux complot; ministre entreprenant, il a fait perdre à Charles X le trône (1);

---

connaissait le complot. Qu'il y prenne garde, qu'il sache que les émeutes populaires sont au corps politique ce que les fièvres pernicieuses sont au corps humain, qui tuent au troisième ou quatrième accès si le médecin ne sait pas les prévenir à tems en employant des moyens énergiques. Qu'il emploie donc ces moyens. Quelle imprévoyance! quelle inhabileté de la part de certain fonctionnaire! (car je ne puis lui supposer de mauvaises intentions). Le Gouvernement l'a destitué; mais une destitution ne suffisait pas; il fallait une enquête, et le faire condamner s'il était coupable; cet exemple eut été une leçon pour les autres.

(1) Quelques personnes comparent M. de Villèle à M. de Polignac; la distance entre eux est immense. Ils eurent l'un et l'autre la confiance entière de Charles X; ils devaient arriver au même résultat; ils employèrent à peu près les mêmes moyens : la dissolution de la chambre en fut un. M. de Villèle, en la dissolvant, savait bien qu'on ne pourrait pas lui en renvoyer une meilleure ni plus dévouée; son but était de connaître l'opinion du pays avant de tenter le coup d'état projeté. Voyant que malgré l'astuce, les menaces et la fraude, il n'avait pu obtenir de majorité, il comprit que toute tentative serait inutile, et que le seul moyen de sauver le trône était de se retirer. Il comprit en outre les besoins du pays;

il a fait couler le sang de ses concitoyens, exposé le pays aux plus grands malheurs, et l'Europe à une guerre générale. Je demanderai si pour un tel crime la mort eût été un supplice trop grand?

Je désire vivement que cette peine soit restreinte; mais cette restriction doit avoir de justes bornes (1).

---

et en faisant nommer le ministère Martignac, il lui rendit un service réel. Qu'il y a loin d'une pareille conduite à celle de M. de Polignac! Les ordonnances de juillet mirent tout en doute et troublèrent l'avenir de plusieurs millions de famille qui avaient acheté des bens nationaux. Est-il étonnant, d'après cela, que la révolution ait été générale en quelques jours?

(1) Je profiterai de cette circonstance, et la demanderai pour le crime d'infanticide; je désire même le voir disparaître et ne plus le voir affliger l'humanité et les mœurs, ce qui me paraît facile. Comme médecin et comme juré, j'ai souvent eu occasion de fixer mes idées sur ce crime et sur les causes qui l'amènent; j'ai acquis la conviction que si le Gouvernement le veut, il n'existera plus dans quelques années en France.

Autrefois on appliquait beaucoup plus souvent la peine de mort pour ce crime qu'on ne le fait aujourd'hui, parce qu'on a mieux apprécié les circonstances qui le produisent.

Les personnes qui s'exposent à le commettre, sortent ordinairement de la classe pauvre et ignorante que l'isolement, la servitude, la faiblesse, et souvent un besoin impérieux du tempérament portent à s'y exposer; ces causes y contribuent plus souvent dans nos campagnes que le libertinage.

Il est une autre vérité constante, c'est que la guerre ayant plus pesé sur la clase du peuple que sur les autres classes de la société, beaucoup moins de mariages ont pu y avoir lieu; alors beaucoup de filles, qui sans cette cause se fussent mariées, ont été forcées de vivre dans le célibat.

2

Si le pays a le droit d'exiger de fortes garanties des ministres et des agens secondaires de l'administration, ceux-ci ont aussi le droit de demander qu'en remplissant leurs devoirs avec honneur, zèle et intelligence, ils ne puissent être dépouillés de leurs emplois sans enquête préalable et sans être entendus (j'en excepte les hauts fonctionnaires et en général tous ceux que le Roi peut observer et juger lui-même ; ne pouvant mal faire, il sera toujours libre de renvoyer ceux qui auront perdu sa confiance) ; ce serait une garantie de plus pour le

---

L'homme qui a étudié la manière d'agir des passions sur nous, conçoit alors aisément si une malheureuse chez laquelle le besoin impérieux du tempérament commande, qui n'est soutenue le plus souvent, ni par les conseils sages de ses parens, ni par l'éducation, peut résister aux promesses fallacieuses et aux séductions d'un jeune homme qui promet de l'épouser. Elle se livre à son séducteur, qui souvent l'abandonne et l'oublie après avoir obtenu d'elle ce qu'il désirait.

Qu'on se fasse maintenant une idée de cette fille abandonnée (qui pour avoir violé les lois de la pudeur, n'y a pas pour cela renoncé) au moment où elle va devenir mère! Placée sous l'influence d'un préjugé utile aux mœurs, elle aura caché sa grossesse autant qu'elle l'aura pu ; honteuse d'elle-même, elle n'aura osé confier son secret à personne, pas même à ses parens, dans la crainte des reproches et de porter la désolation dans sa famille. Ignorant le plus souvent les soins que nécessitera son enfant, elle oublie de préparer ce qui pourra lui être utile : surprise à l'improviste par les douleurs de l'enfantement, ne sachant où se réfugier, elle fuit, se cache ; et là, seule, abandonnée à elle-même, elle commet le crime en voulant éviter la honte et l'infamie. Telles sont le plus souvent les causes de l'infanticide dans nos campagnes ;

pays contre les empiètemens du pouvoir ; ce serait le moyen de conserver à celui-ci de bons et fidèles serviteurs. Cette mesure que j'ai indiquée dans le Mémoire

---

voilà pourquoi les jurés absolvent presque toujours les coupables, même de la négligence, parce qu'ils les considèrent comme ayant perdu la tête au moment où elles accouchent. Un tel jugement est dans nos mœurs actuelles ; mais celles-ci ont reçu une atteinte grave, et la société n'est pas satisfaite. Maintenant que j'ai exposé le mal, je vais indiquer les moyens d'y remédier.

Maintenir la loi qui force toutes les filles à faire une déclaration de leur grossesse, avant leur accouchement, à l'autorité où elles se trouvent ou à celle d'une autre commune, sous des peines sévères. Aussitôt la déclaration faite, le maire écrirait à l'hospice le plus voisin afin de demander un lit pour l'époque présumée : il en préviendrait cette fille. Dans aucun cas on ne pourrait se refuser de la recevoir à l'hospice et de fournir au nouveau-né la layette nécessaire, sauf à la faire payer ensuite. En leur donnant de légers secours, la plupart de ces filles élèveraient elles-mêmes leurs enfans, et pourraient devenir bonnes mères. Si cette mesure était adoptée, le crime d'infanticide disparaîtrait.

Si ces filles ne faisaient pas leur déclaration avant leur accouchement, les contraindre à la faire après, sous peine de leur appliquer les art. 349 ou 353 du Code pénal. De cette manière les mœurs et la société seraient satisfaites dans le cas où le crime aurait lieu, et on n'aurait plus la douleur de les voir renvoyer comme non coupables, même de négligence. Il est bien étonnant qu'elles aient toujours été dispensées d'observer les art. 55 et 56 du Code Napoléon, auxquels tout le monde est astreint, sous les peines portées dans l'art. 346 du Code pénal. Il faut faire disparaître cette anomalie.

On me pardonnera cette digression en raison de l'intérêt du sujet.

que je publiai en 1828 (1) vient d'être adoptée par la Hesse, je pense qu'elle convient à notre Gouvernement constitutionnel ; elle attachera les fonctionnaires publics au Gouvernement, en leur donnant de la stabilité, et contribuera à détruire l'intrigue et l'ambition pour les places, surtout si on diminue les émolumens attachés aux grands emplois ; j'en excepte cependant ceux des ministres qui représentant la nation, doivent le faire avec grandeur et dignité ; mais les autres sont généra-

---

(1) Ce Mémoire a été jugé diversement, suivant les opinions, et mes intentions étant inconnues y ont été mal interprétées. Un mot d'éclaircissemens est donc nécessaire.

Le ministère Martignac venait de donner la loi sur la presse et celle sur les élections. Il avait promis celles sur les administrations municipale et départementale. La Couronne craignait de faire trop de concessions, et ses conseils privés lui recommandaient de n'en plus faire, dans la crainte d'affaiblir son autorité ; de manière que le ministère éprouvait beaucoup de difficultés et était menacé de ne rien obtenir. Le pays était inquiet, agité, etc.

La personne qui me faisait cette communication, et à laquelle je venais de raconter les actes vexatoires qui se faisaient à notre préfecture, me promit, si je voulais les publier, de les remettre à un auguste personnage pour les lire. Ce fut alors que je conçus l'idée de ce Mémoire. Je pensai que, d'un côté, l'importance de notre préfet, qui était très-connu à la cour, et la nature de ses actes, y fixeraient l'attention de cet auguste personnage, et de l'autre, qu'en rétrécissant autant que possible la base de l'élection, elle ne pourrait donner aucune inquiétude aux conseillers particuliers du Roi, espérant que lors de la discussion cette base s'élargirait assez. Mon unique but, en l'écrivant, a donc été d'amener l'élection et d'ôter toute présentation de candidats aux préfets : il a été atteint.

lement trop rétribués, et ces rétributions ne sont plus en rapport avec le revenu des propriétés ; les fonctionnaires sont seuls dans l'aisance ; voilà pourquoi chacun cherche a obtenir un emploi sans se demander avant s'il est en état de le remplir.

Je terminerai cet article en disant que le Gouvernement a montré jusqu'à ce jour trop de modération, de faiblesse, d'indécision et pas assez d'homogénéité ; qu'il est urgent qu'il tranquillise les esprits timorés ou crédules en satisfaisant au vœu émis par la commission centrale du commerce de Paris, en suppliant le Roi d'aller habiter le palais des Tuileries et de faire frapper la monnoie en son nom ; qu'il organise promptement la chambre des pairs, afin de mettre les trois pouvoirs en harmonie ; qu'il comprime les partis, sous quelques masques qu'ils se montrent, soit carlistes, prêtres ou républicains (1) ; qu'il réprime la licence de certains

---

(1) Des trois partis que je viens de désiguer, et qui savent si bien s'entr'aider au besoin, il en est un dont on n'apprécie pas assez la force, c'est le parti prêtre , j'en dirai un mot.

Je pense que ceux qui regardent le clergé comme corps uniquement religieux, sont dans l'erreur ; il est autant politique que religieux ; étant le plus instruit des corps de l'État, il s'est toujours recruté dans les premières classes de la société, et absorbait l'excédent de population des classes supérieure et moyenne. Les emplois supérieurs étaient destinés à la noblesse et les autres à la bourgeoisie. Le clergé fut organisé chez toutes les nations de manière à y former une force imposante. On en jugera par le tableau suivant :

| Moines et lévites, | soldats, |
| Tonsurés, | caporaux. |

journaux (1); qu'il y ait une homogénéité parfaite dans son ensemble; qu'il satisfasse l'opinion publique en renvoyant ou faisant renvoyer des administrations certains hommes dont la moralité et la probité sont plus que suspectes, et qu'elle repousse depuis long-tems; enfin,

---

Sous-diacres,	sergens.
Diacres,	sergens-majors, adjud. sous-offic.
Vicaires,	sous-lieutenans.
Desservans,	lieutenans.
Curés de canton,	capitaines.
Curés-doyens,	chefs de bataillon.
Chanoines,	lieutenans-colonels.
Vicaires-généraux,	colonels.
Evêques,	maréchaux-de-camp.
Archevêques,	lieutenans-généraux.
Cardinaux,	maréchaux.
Ministre des cultes,	général en chef.

L'official, le promoteur, le grand pénitencier, le théologal, les évêques et archevêques *in partibus*, etc. correspondent parfaitement aux autres grades militaires. Ainsi on voit que tous les peuples catholiques entretiennent l'armée du pape.

(1) La presse doit être distinguée en privée et en périodique; la première est la faculté accordée à chaque citoyen d'émettre et de publier librement ses pensées et ses opinions; celle-ci ne peut jamais être dangereuse, et elle présente des avantages réels qu'on ne saurait lui contester; elle doit être illimitée, car en admettant qu'elle commette des écarts ou qu'elle produise quelques ouvrages nuisibles à l'ordre et aux mœurs; ils peuvent être arrêtés à leur origine, et comme les principes admis par leurs auteurs y sont développés, il est facile de les faire condamner par les tribunaux; il n'en est pas ainsi de la périodique.

Cette dernière profitant des circonstances difficiles et extraordi-

qu'il ne craigne pas d'éloigner certains individus, ou même de sévir contre eux lorsqu'ils troublent l'ordre

---

naires où se trouve le pays, et du relâchement qu'on apporte à l'exécution des lois, franchit les bornes posées par celles-ci, elle devient exigeante, menaçante même pour dominer, et comme elle a mille moyens de se soustraire aux investigations de la justice, elle les emploie tous ; on la voit rarement attaquer un principe d'une manière franche et ouverte, et si elle veut en faire dominer un autre, ses moyens sont la ruse, l'ironie, le tems et souvent le mensonge ; ainsi, elle morcelle un discours afin d'en critiquer certaines phrases, pour avoir ensuite occasion de calomnier son auteur ; ou elle plaisante sur l'un et l'autre, et finit par les tourner en ridicule ou en dérision ; si elle s'aperçoit que ces moyens font fortune, elle lève le masque et ne garde plus de bienséance ; ce qu'elle a fait pour les doctrines elle le fait pour les institutions : n'a-t-on pas vu des journaux nouvellement établis, et ce contre la loi, s'emparer du beau discours de M. Bignon, sur les probabilités de la paix et de la guerre, pour exciter la jeunesse et monter son imagination, déjà trop ardente ; ne les a-t-on pas vus tourner en dérision une des légions de la garde nationale de Paris, à la suite des événemens de février ? Qu'a fait le pouvoir pour réprimer de pareils écarts ? Rien.

La presse périodique doit être considérée comme une arme à deux tranchants qu'une main habile, exercée et intègre peut seule manier ; et qu'on ne peut confier à d'autres sans garanties suffisantes.

Les reproches que je viens de faire à la presse périodique ne doivent point s'adresser à tous les journaux indistinctement, il en est qui ont rendu de grands services et qui en rendent journellement au pays et à la cause de la liberté, ceux-là sont dignes de notre estime et doivent être protégés ; que le Gouvernement prenne donc des mesures sages et sévères pour atteindre ce double but.

Je pense que la loi devrait exiger du journaliste qu'il publiât textuellement tout discours qu'il voudrait critiquer, et si sa lon-

social; qu'il imite ces chirurgiens habiles, qui ne pouvant conserver un membre gangrené qui eût infaillible-

---

gueur ne lui permettait pas de le faire, d'en donner une analyse
exacte, sous peine d'être puni ; alors le lecteur ayant sous les yeux
les pièces du procès, le jugerait : qu'il lui fût défendu de publier,
comme vraies et certaines, des nouvelles fausses ou douteuses, ce
qui a les plus graves inconvéniens pour les voyageurs surtout, qui,
lisant la feuille où est l'erreur, ne se trouveront plus dans une
position à lire celle où elle aura été rectifiée et propageront l'erreur
sur tout leur passage : qu'il leur fut enjoint d'être plus circons-
pects en rapportant celles des pays étrangers, et de citer toujours
les sources où ils les ont puisées : qu'il leur fût défendu de publier
des nouvelles qui intéressent le pays, avant de les avoir fait connaître au Gouvernement, afin qu'il ait le tems de prendre les mesures convenables, mais avec la faculté de les publier 24 heures
après. Il arrive souvent que les journalistes sont mieux servis par
leurs correspondans, que le Gouvernement par ses agents ; d'ailleurs
celui-ci n'ayant pas de ligne thélégraphique sur tous les points, les
malveillans peuvent être prévenus par la presse avant que le Gouvernement ait fait connaître à ses agens les mesures à exécuter, ainsi
qu'on a pu le remarquer à la suite des événemens de février, etc.
Pour obtenir ces résultats, les journaux doivent être continuelle-
ment surveillés ; qui remplira cette mission ? Je proposerai de faire
nommer par le Gouvernement et les chambres une commission à
laquelle on confierait ce soin. Cette commission ne pourrait être
considérée comme commission de censure, puisqu'elle laisse-
rait tout dire et écrire ; mais elle exigerait qu'on se renfermât dans
ce que la loi autorise, autrement elle dénoncerait le journal au
ministère public, et le ferait poursuivre. Cette commission ferait
annuellement un rapport au gouvernement et aux chambres, sur
l'état de la presse en France, et proposerait les moyens qu'elle
croirait utiles, soit pour l'étendre ou la restreindre.

ment communiqué la maladie au reste du corps, n'hésite pas à l'ôter pour conserver celui-ci. C'est en prenant une attitude ferme et imposante qu'il verra disparaître tous les obstacles qui l'environnent maintenant, autrement ils augmenteront; s'il n'a pas cette force, qu'il ait au moins celle de reconnaître son erreur (1).

DE LA CHAMBRE DES DÉPUTÉS.

La chambre des députés est un des trois pouvoirs qui forment notre Gouvernement constitutionnel; c'est celui

---

(1) La presse périodique, en adoptant le mouvement accéléré, a poussé les peuples à l'insurrection ; le gouvernement ne s'étant point opposé à la marche adoptée par elle, est sensé y avoir adhéré, ce qui a pu tromper ces peuples ; il me paraît juste, d'après cela, qu'il intervienne et qu'il les soutienne, soit par la diplomatie, soit par les armes : je pense qu'il y va de son honneur et de celui de la France ; si je consulte l'opinion du pays, je la trouve de cet avis.

J'approuve beaucoup le Gouvernement d'avoir adopté le mouvement progressif, il était le meilleur et le plus sage ; mais il devait marcher et forcer la presse à le suivre. Pourquoi a t-il eu la faiblesse de ne l'y pas contraindre ?

Il lui sera peut-être difficile aujourd'hui de ne pas adopter le mouvement accéléré, pressé par des événemens et de nouveaux qui peuvent naître ; qu'il y prenne garde, une nouvelle révolution se prépare, elle s'opère déjà dans l'opinion publique et les mœurs, elle pénétrera facilement dans les masses et alors, des malheurs incalculables viendront accabler notre belle France, si digne d'un meilleur sort.

Que le Gouvernement écoute donc les hommes qui lui sont dévoués, et qu'il prévienne les événemens en accordant ce que l'opinion publique réclame depuis long tems.

qui a joué le premier rôle à la suite des événemens de juillet. Les événemens passés et les autres pouvoirs constitués, il devra se replacer naturellement sur la ligne qu'il avait occupée avant ces mêmes événemens, et c'est à tort que quelques personnes le considèrent comme pouvoir dominant (1). La Charte lui a assigné le rang qu'il doit tenir; sa seule mission est de concourir à la confection des lois avec les deux autres pouvoirs et de veiller à leur exécution.

Je ferai une réflexion pénible qui prouvera le caractère léger et changeant de certains hommes, caractère qui est malheureusement celui de la nation. Qui croirait que ces mêmes hommes qui ont voté à la presque unanimité la Charte et désigné les lois à faire qui en sont la conséquence naturelle, n'ont pu s'entendre pour les faire, et sont allés même jusqu'à disputer à la chambre le droit de pouvoir s'en occuper?

Je considère ce pouvoir comme envahissant et prenant son point d'appui dans les masses d'où il est sorti, pour l'exécution de ses projets; il tire son origine des diverses classes qui composent la nation. Chargé de défendre ses intérêts, il est souvent obligé de lutter contre le pouvoir exécutif. Sa mission principale est de concourir à la confection des lois qui régissent l'Etat; c'est dans cette chambre qu'elles se discutent. Je vais examiner si le mode de discussion qui y est

---

(1) Ceux qui ont cette idée ne conçoivent pas le Gouvernement constitutionnel ; est-il possible, en effet, qu'un pouvoir dont l'existence est momentanée, puisse dominer dans un pays ? cette idée est toute républicaine.

établi est bon, et si on ne peut pas lui en substituer un meilleur.

Pour bien apprécier ce que je vais dire, pouvoir juger et comparer lequel des deux modes sera le meilleur, je vais considérer d'une manière succincte ce qu'a été la chambre des députés, ce qu'elle est maintenant et ce qu'elle devrait être. Je ne parlerai point des chambres qui ont existé pendant les premières années de notre révolution; tout le monde sait qu'elles n'ont pu s'entendre, que la discorde se mettait, au bout de quelque tems, parmi ses membres; que ceux-ci étaient décimés, ce qui a fait dire à l'un d'eux que la révolution était comme l'Hydre, qu'elle dévorait ses propres enfans.

Sous l'empire, la chambre des députés était muette et à peu près nulle; les lois ne lui étaient présentées que pour remplir une formalité; elle ne pouvait pas les améliorer, puisqu'elle ne pouvait y faire aucun changement; n'ayant rien à discuter, on n'y comptait point de partis; un accord assez parfait existait entre ses membres, on n'y distinguait point de centre, de côté droit, ni de côté gauche, etc.

Je ferai la remarque suivante; personne ne refusera à Napoléon d'avoir eu un tact très-juste et un grand discernement. Pourquoi Napoléon avait-il empêché toute discussion dans cette chambre? pourquoi avait il établi le tribunat? pourquoi l'a-t-il ensuite supprimée? parce qu'il avait remarqué qu'avec notre caractère vif et léger, notre susceptibilité, des discussions trop étendues et trop vives nuiraient à la tranquillité publique

en portant partout une certaine irritation dans les esprits. Il a espéré un instant qu'en limitant la discussion
entre un petit nombre, elle ne serait point orageuse ;
l'expérience lui ayant prouvé le contraire, il supprima
le tribunat.

Sous la restauration, la chambre des députés a joué
un plus grand rôle ; elle était chargée d'y discuter les
lois, d'y proposer les amendemens qui pourraient les
améliorer, mais avec la condition formelle qu'ils seraient
toujours renvoyés à une commission pour y être exa-
minés, condition sage, parce qu'il est impossible que
dans la chaleur d'une discussion animée, tous les membres d'une assemblée nombreuse puissent bien saisir, au
milieu du bruit et des conversations particulières, le vrai
sens d'un sujet quelquefois très-compliqué. La chambre
actuelle a cru devoir s'affranchir de cette formalité,
sous prétexte qu'elle pouvait retarder la discussion, et
elle a très-bien fait, car elle n'en finirait pas aujourd'hui
que les amendemens pleuvent de tous côtés.

Ces discussions, sous la restauration, ont été à peine
commencées, que les partis se sont aussitôt formés ;
alors s'est établi un centre, un côté droit et un côté
gauche. La fureur des partis s'y est montrée plusieurs
fois, et on a eu souvent à gémir des excès auxquels on
s'y est livré ; plusieurs fois les orateurs, en descendant
de la tribune, ont été forcés d'aller en champ clos soutenir les opinions qu'ils y avaient émises. Ce n'était plus
l'intérêt du pays qui guidait les hommes qu'il avait en-
voyés pour le défendre, c'était les passions ; aussi

qu'est-il arrivé ? que des lois passables présentées par le Gouvernement ont été changées dans cette chambre et en sont sorties mauvaises (1). Telles ont été les chambres des députés sous l'empire et la restauration ; voyons ce qu'elle est aujourd'hui.

Quoiqu'elle ne fût point formée dans le principe d'élémens parfaitement homogènes, cependant le plus grand nombre des députés qui y siégeaient et qui y siègent encore, ont concouru à faire la Charte qui nous régit. Alors un accord parfait régnait parmi eux ; aujourd'hui les passions les plus vives paraissent les diviser. L'autorité de son président y est parfois méconnue ; il n'y a plus d'ordre, de déférence et de respect : le voyageur qui assiste à ses séances et qui espérait y trouver les Sages auxquels la Grèce confiait le soin de lui donner des lois, est tout étonné de se rencontrer au milieu d'une espèce d'arêne où des gladiateurs se disputent la victoire ; les passions y sont déchaînées ; ce n'est plus l'amour et l'intérêt du pays qui servent de guide ; l'amour-propre et une espèce de vertige qui va jusqu'à faire oublier les sentimens de l'amitié paraissent tout dominer ; c'est malheureusement sous leur influence que beaucoup de membres de la chambre marchent, on ne peut se le dissimuler. Pourquoi le Gouvernement n'est-il pas intervenu dans l'origine pour s'y opposer ? N'est-ce pas à lui qui, connaît la situation et les besoins du pays, à diriger

---

(1) Loi d'élection, double vote. Point de doute que l'élection à deux degrés ne lui fût préférable.

ces discussions ? Cependant si cet état déplorable durait plus long-tems, la division qui règne parmi les membres de la chambre se communiquerait au pays, et l'on verrait avant peu divers camps s'établir en France, et par suite la guerre civile s'allumer. C'est ce que nos ennemis du dedans et ceux du dehors désirent voir arriver. Ne leur donnez pas cette satisfaction, législateurs, sacrifiez vos opinions personnelles à l'intérêt général, reformez ce faisceau qui doit rendre la France invincible, rattachez-vous franchement au Gouvernement, et prêtez-lui l'aide dont il a besoin ; qu'à l'avenir l'intérêt du pays soit votre seul guide ; rappelez-vous constamment qu'il vous a envoyé pour le doter de bonnes lois, et qu'à ce seul titre il vous devra de la reconnaissance (1).

---

(1) Des loi sages et nécessaires ont été présentées par le gouvernement. L'esprit de parti qui règne parmi les députés, les a fait modifier dans l'intérêt du parti et non dans l'intérêt général. Pour ne pas trop étendre cette note je ne citerai que la loi municipale : je conviens qu'on a trop redouté le peuple pour faire les nominations. Le principe admis dans la loi pour nommer les maires , était bon et juste, on a bien fait de le conserver ; mais selon moi, tous les citoyens payant une contribution quelconque, sachant lire et écrire, devaient concourir à les faire ; l'ignorance seule, cette lèpre des états devait en être exclue ; ainsi le seul amendement raisonnable , à mon avis, lorsque le cens a été fixé pour les communes au-dessous de 3000 ames, eut été celui-là ; il eut satisfait tout le monde. et eut tourné au profit de la société, tandisque la plupart de ceux qui ont été présentés et rejetés, n'avaient réellement pas le sens commun. Dans les villes au dessus de trois mille habitans , la majorité devait

Lé défaut d'union parmi les députés, et le danger qui pouvait en résulter pour la tranquillité du pays, ont fait naître l'idée de dissoudre la chambre. Cette mesure est sage; l'absence calmera les passions, mais elle ne les éteindra pas. Plus tard beaucoup des mêmes hommes se retrouveront en présence, et l'on verra ces passions se reproduire avec plus d'intensité. De nouveaux députés seront amenés à la chambre; un nouveau parti se formera, et le désordre deviendra plus grand. A quelle cause doit-on attribuer ces résultats? Que doit-on faire pour les éviter? C'est ce que je vais examiner.

J'ai dit que l'amour-propre et les passions étaient de mauvais guides, de mauvais conseillers, etc.; ne serait-il pas sage d'éloigner tout ce qui pourrait les provoquer? Est-il quelque chose de plus propre à les exciter que les discussions orales qui ont lieu à la chambre? Un mot mal compris, le désir de marquer dans une une chambre éclairée, de faire parler de soi dans son département, et mille autre motifs né les développent-ils pas? A toutes ces causes, si on joint un caractère

toujours faire partie de l'organisation politique; il n'en est pas ainsi de la loi électorale, il faut à l'électeur des notions plus étendues; le peuple connaît l'habitant de sa commune qu'il veut avoir pour maire, par les actes de toute sa vie; l'électeur qui doit nommer un député, n'a pas le même avantage; le plus souvent il ne connaîtra pas celui qu'on lui proposera de nommer; il lui faudra donc du discernement, des connaissances pour les apprécier, les juger et pouvoir fixer son choix.

léger, vif, impatient, susceptible, très-impressionnable, on se rend facilement raison de ce qui est toujours arrivé et de ce qui a lieu aujourd'hui à la chambre des députés.

Je pense donc qu'il est urgent d'abandonner le mode de discussions actuelles comme mauvais et pouvant compromettre l'avenir de la France. En effet, n'est-il pas démontré, pour tous les hommes éclairés et impartiaux, que les discussions générales faites au milieu du bruit, des conversations particulières et des intermittences, ne jettent point ou très-peu de lumières sur les sujets traités, 1° parce que ces discussions durant plusieurs séances, il est impossible à l'homme quelque attention qu'il prête, de pouvoir saisir et comparer tout ce qui est dit sur le sujet soumis à la discussion; 2° qu'en admettant qu'il le pût, les moyens lui manquent pour prendre des notes assez étendues qui lui permettent de s'en rendre un compte exact lorsqu'il est rentré chez lui. Je ne noterai pas une foule d'incidens qui arrivent au milieu de ces discussions et viennent troubler l'attention du député, ni ceux qui résultent de la faiblesse de la voix des orateurs, de leurs accens divers (1), de la place qu'occupe le député à la chambre, etc.

Si de la discussion générale on passe à celle des articles, on voit naître de nouveaux inconvéniens, c'est ici que l'amour-propre est particulièrement mis en jeu :

____

(1) La manière de prononcer certains mots doit varier suivant que le député est Breton, Provençal, Alsacien ou Gascon. Ces changemens de prononciation qui se succèdent rapidement, doivent gêner l'attention de l'auditeur.

chacun veut avoir une petite part à la confection de la
loi, veut y faire entrer un petit amendement ou sous-
amendement (on ne voit le plus souvent que l'article
en discussion, sans s'occuper de l'ensemble de la loi);
on en introduit tant, qu'on finit par la dénaturer, et
d'une bonne loi, par en faire une mauvaise. Ainsi, la loi
du double vote, celle sur la médecine, qui fut rejetée à
la chambre des pairs, la loi de la garde nationale, la loi
municipale, ont eu ce sort. La loi électorale a été trai-
tée différemment; les adjonctions étaient certainement
ce qu'il y avait de mieux dans la loi, puisqu'elles appe-
laient des hommes instruits, d'âges différens, qui par
cela même se seraient tempérés réciproquement. Le
parti libéral par excellence rejeta la première; les autres devaient l'être naturellement; voilà où conduit l'esprit de parti.

Je dois encore signaler une chose que je trouve
mauvaise dans cette chambre, quoique présentant un
avantage; je veux parler des bannières qu'on y a éta-
blies. On me dira qu'elles le sont ainsi pour faciliter au
bureau le moyen d'apprécier et de juger plus promptement l'acceptation ou le rejet de certaines propositions. Je conviens que c'est un avantage réel; mais il
est trop faible pour ne pas l'abandonner lorsqu'on peut
obtenir le même résultat d'une autre manière.

Par combien d'inconvéniens cet avantage n'est-il pas
racheté? Lorsqu'il vote, le député suit-il toujours bien
l'impulsion de sa conscience? Je ne le crois pas. On
peut être d'accord sur un principe; mais sur l'applica-

tion ou les détails ; on doit quelquefois varier ; cependant on voit souvent tous les députés d'un côté ou d'un centre suivre l'exemple du chef du parti.

Je ne pousserai pas plus loin ces considérations ; je crois avoir suffisamment prouvé que le mode actuel de discussions à la chambre des députés est mauvais, qu'il excite les passions, et qu'il est indispensable de le changer.

Avant d'exposer celui que je veux indiquer, je remarquerai qu'au commencement de chaque session, il serait nécessaire de tirer au sort les places que les députés doivent occuper dans la salle ; que chaque député devrait se faire un devoir de l'occuper. Ce serait peutêtre un sacrifice pour l'instant ; mais au renouvellement de la chambre où on se connaît peu, ce n'en serait pas un.

L'urbanité française, les rapports de voisinage qui s'établiraient entre chacun d'eux leur permettraient de s'expliquer et de s'entendre. Si on ne le pouvait pas, il en résulterait toujours cet avantage, que les hommes du même parti n'étant pas réunis, chacun voterait selon sa conscience ; tandis que, lorsqu'on est réunis, on s'excite mutuellement, et on refuse quelquefois une chose juste, qu'on eût accordée si on n'eût pas été entraîné par l'exemple. Ainsi, telles sont les adjonctions dans la loi électorale, etc.

Je passe au mode de discussion que je propose pour remplacer celui qui existe maintenant ; il est conforme à la Charte ; il suffira seulement de changer quelques articles du réglement de la chambre.

Les projets de lois seraient portés comme autrefois à la chambre par les commissaires du Gouvernement, qui en développeraient à la tribune les motifs : le projet et les motifs seraient renvoyés à une commission nommée *ad hoc ;* un exemplaire de l'un et l'autre serait donné à chaque député pour qu'il puisse les méditer et préparer le travail qu'il croira devoir faire à ce sujet. Ce travail fini, il le remettra à la commission nommée ou à l'un des secrétaires de la chambre, qui le lui fera passer. S'il désire qu'il soit imprimé dans le journal de la chambre ou dans le Moniteur, il devra y être inséré textuellement. La commission examinera ce travail, et appellera son auteur pour le discuter avec lui.

Examen fait du projet de loi, la commission nommera toujours deux rapporteurs (lorsqu'il n'y aura pas unanimité dans sa décision); ils seront pris parmi les opinions différentes; ceux-ci exprimeront et développeront les motifs de chaque opinion qui aura régné dans la commission pendant cet examen. Les deux rapports seraient faits à la même séance, imprimés et distribués à chaque député. Si ceux-ci ont de nouvelles observations à faire ou de nouveaux amendemens à proposer, ils les adresseront à la commission, et les feront imprimer dans les mêmes journaux.

Les rapports de la commission faits à la chambre, celle-ci indiquera le jour où la discussion devra s'ouvrir, et nommera, à la même séance, à la pluralité des voix, un nombre de députés égal à celui des commissaires du Gouvernement pour plaider contre eux (le

ministre serait toujours considéré comme commissaire).
Ces députés ne pourraient être choisis que parmi ceux
qui s'inscriraient contre le projet de loi; alors le débat
s'engagerait entre quatre ou six personnes au moins,
deux ou trois pour et autant contre. Chacun des membres de la chambre adresserait, par écrit, les nouvelles
observations qu'il aurait à faire, soit en faveur, soit
contre le projet à celui qui traiterait le sujet dans l'opinion qu'il se serait formée afin de la faire prévaloir.

Si ce mode était adopté par la chambre, tous les ren-
seignemens utiles qui pourraient éclairer la discussion
seraient fournis, tandis qu'aujourd'hui beaucoup d'observations précieuses sont perdues, parce que les hommes timides qui ne sont point orateurs, n'osent pas se
présenter à la tribune pour les faire connaître.

Un profond silence régnerait dans toutes les parties
de la salle; les députés ne perdraient rien des débats et
saisiraient aisément tous les points de la discussion.
Chaque raison, chaque motif, seraient apprécié et jugé.
Quelle économie de tems n'en résulterait-il pas? il n'y
en aurait plus de perdu en discussions superflues, plus
d'ajournement ou d'interruption. L'amour-propre ne
serait jamais compromis; les passions n'y seraient point
mises en jeu; l'ordre, la bienséance et la dignité régne-
raient constamment dans l'assemblée, et l'étranger, en
y entrant, frappé d'étonnement et de respect, se croirait transporté au milieu de cet ancien aréopage qui
fit l'admiration du monde par ses lumières et sa sagesse.

Les discussions relatives aux pétitions seraient libres, et chaque membre pourrait y prendre part.

Je suis étonné qu'on ne se soit pas aperçu plus tôt combien le mode suivi jusqu'à ce jour est vicieux, quand on considère les précautions que les magistrats chargés d'appliquer les lois prennent pour éclairer leur conscience. Cependant celui qui fait la loi remplit une mission plus élevée; pourquoi prendrait-il moins de précautions pour s'éclairer ?

Si le nombre des députés proposés par le Gouvernement dans la loi électorale est adopté, le besoin de changer le mode actuel des discussions sera encore plus urgent, puisqu'il mettra dans la chambre plus d'élémens divers. Avec celui que je propose, plus le nombre sera grand, plus il jaillira de lumières dans les discussions; voilà ce qui m'a empêché de le combattre dans le Mémoire que j'ai publié sur la loi électorale.

Il facilitera également le choix des députés, puisque tout homme de bon sens pourra à l'avenir être élu; tandis qu'autrefois celui qui n'était pas orateur, n'osait se mettre sur les rangs, ce qui diminuait beaucoup le nombre des éligibles (1). Mais, on va m'objecter, si la chambre ad-

---

(1) On a proposé et on insiste toujours pour ôter le cens de l'éligibilité; ce serait, à mon avis, la plus grande faute qu'on pourrait faire. Je conviens qu'en le conservant, quelques hommes de mérite pourront être exclus de la chambre. Mais, je le demande, le mérite seul est-il une garantie suffisante pour le pays? je ne le pense pas. Le devoir d'un bon et loyal député est de donner tout son tems aux fonctions qu'il est appelé à remplir. Il fau-

mettait ce mode de discussion , elle ôterait toute liberté dans les débats parlementaires. Je répondrai à cette objection par ce qui se passe devant les tribunaux. Dira-t-on que les débats n'y sont pas libres, parce que tous les avocats du barreau n'ont pas pris la parole dans une affaire ? Non, certes, personne n'oserait soutenir une pareille assertion.

Ces idées sur les discussions de la chambre des députés, germent chez moi depuis long-tems, sans avoir pu me décider à les publier, et sans les circonstances impérieuses du moment, je n'aurais pas osé le faire ; mais voyant qu'on cherchait à donner une fausse direction aux débats parlementaires, et, par suite, à l'opinion publique, qu'on cherchait à révoquer en doute les actes les plus importans de la chambre, et qu'on voulait par-là nous ramener aux époques d'affreuse mémoire de 91, 92 et 93, ayant de plus l'intime conviction que ce serait attirer sur le pays les plus grands malheurs, j'ai regardé, comme un devoir de bon citoyen, de les pu-

---

dra donc le payer, et si vous le payez, ne devez vous pas craindre que celui qui lui donnera le plus, sera celui qu'il servira le mieux ? Quel intérêt aura un pareil député à discuter l'impôt puisqu'il ne l'intéressera pas, qu'il ne le frappera pas ? tandis que celui qui tient au sol par le sol même, aura un intérêt direct pour n'accorder d'impôts que ceux qui seront justes et indispensables. D'ailleurs, je ne conçois pas l'idée de mérite sans fortune ; il me semble que l'un et l'autre doivent se trouver réunis ; autrement cela suppose vice, défaut d'ordre, d'économie, de prévoyance pour l'avenir, faux jugemen , etc.

blier, espérant que quelque membre de la chambre, adoptant mes idées et les modifiant, s'il le croit nécessaire, fera une proposition à la chambre pour changer son réglement à cet égard.

CHAMBRE DES PAIRS.

La chambre des pairs devant être reconstituée cette année, je profiterai du droit que donne la Charte à tous les Français, pour émettre mon opinion sur son organisation. Je ferai le reproche au Gouvernement de ne s'en être pas assez occupé, elle devrait déjà être organisée : si elle l'avait été plus tôt, elle aurait plus de force, son influence serait plus grande et elle lui serait plus utile.

Cette chambre est un des trois pouvoirs qui concourt à former le Gouvernement constitutionnel ; il contribue à la confection des lois qui régissent la nation ; il les discute, les modifie selon qu'il le croit nécessaire à l'intérêt du pays.

Le nombre des pairs étant beaucoup moins considérable que celui des députés, l'origine de cette chambre étant bien différente, l'âge des pairs généralement plus avancé que celui des députés, on conçoit que le concours de ces diverses circonstances doit y rendre les discussions moins bruyantes et plus calmes que dans l'autre chambre ; aussi n'y a-t-il nul inconvénient d'y maintenir le mode de discussion qui y existe.

Ce pouvoir diffère des autres ; il n'a point comme eux d'appui matériel pour le soutenir et le protéger ;

il doit puiser toute sa force dans l'opinion publique ; elle doit donc être toute morale : pour la lui donner, il est indispensable que tous les membres qui concourront à le former soient choisis parmi les sommités nationales indistinctement. Quelle force morale ne donnerait pas à ce pouvoir les Lafayette, les Sémonville, les Laffite, les Choiseul, les Casimir Périer, les Séguier et tant d'autres grands citoyens qui se sont dévoués toute leur vie pour le pays ? Mais pour que ce pouvoir puisse conserver toute sa force morale, il est indispensable qu'il soit toujours le même, que son opinion soit indépendante et invariable, qu'on ne puisse la changer à volonté, ainsi que cela a eu plusieurs fois lieu dans l'ancienne chambre où le nombre des pairs étant indéterminé, le pouvoir exécutif a quelquefois profité de son droit pour changer l'opinion qui y régnait, en y introduisant un grand nombre de nouveaux pairs dont il se croyait les suffrages assurés. On a pu remarquer combien ce mode était vicieux et qu'il donnait au pouvoir exécutif une prépondérance dont il a quelquefois abusé pour faire passer de mauvaises loix.

Selon moi le nombre des pairs doit être déterminé, si on veut conserver à cette chambre son influence et sa force morale.

Parmi les trois pouvoirs qui forment le Gouvernement constitutionnel, j'en ai considéré deux comme envahissans, ce sont ceux qui s'appuient sur des forces matérielles, c'est-à-dire, le pouvoir exécutif et la chambre des députés, et le troisième comme pondérant ou régulateur : ce dernier est la chambre des pairs ; sa mission est d'empêcher que dans les lois les principes absolus et républicains n'y soient introduits, et d'y maintenir purs ceux du Gouvernement constitutionnel. Ce pouvoir doit dominer les deux autres par l'influence de sa force morale, et c'est essentiellement à l'aide de cette force que doivent être régis les Etats : malheur aux nations et aux rois où on est obligé d'employer la force matérielle, car ce n'est point exister et régner que d'être toujours en guerre avec ses peuples.

La chambre des pairs, comme pouvoir pondérant ou régulateur, doit donc avoir dans ses élémens des principes du pouvoir absolu et du pouvoir républicain; ainsi les pairs doivent être moitié héréditaires et moitié nommés à vie.

J'ai dit qu'il entrait dans l'intérêt du pays que leur nombre fût déterminé; quel sera ce nombre? il est naturellement fixé par celui de nos départemens ; ainsi il y en aurait 172, 86 héréditaires et qui seraient attachés à chaque département, et 86 nommés à vie ; ce nombre me paraît suffisant. Si j'avais eu à proposer le nombre de députés à nommer pour la France, je l'aurais doublé, c'est-à-dire, que j'aurais indiqué le nombre 344; un député pour 100,000 habitans et un pair par département. Il se serait trouvé quelques députés de plus, cela eût permis de donner deux représentans aux petits départemens dont la population est de 100 à 200,000 habitans.

La Charte dit que les pairs seront nommés par le Roi, c'est un acte de sagesse admirable auquel on ne peut qu'applaudir; mais d'après mon système, il est essentiel, pour conserver à cette chambre toute sa force morale, qu'il n'y entre que les grands citoyens qui ont rendu des services éminens au pays, soit par leur courage et leurs lumières dans l'administration, les arts et les sciences, soit par leur fidélité et leur dévouement. Or, le Roi connaîtra-t-il toujours bien ceux qui auront le plus de droits à l'insigne faveur de faire partie de cette chambre? je ne le pense pas; je crains que l'intrigue des courtisans, les intérêts personnels de ceux qui l'environnent, ne le trompent; et pour ne pas dénaturer une aussi belle institution, je proposerai de faire désigner, pour chaque place de pair à nommer, trois candidats; un serait désigné par les électeurs du département pour le pair qui doit le représenter; un par la chambre des députés, et le troisième par le Gouvernement ou le ministère : ce serait ainsi que se nommeraient les candidats pour la pairie héréditaire. Ceux pour la pairie à vie seraient nommés par les chambres et le Gouvernement.

Les candidats pour la pairie héréditaire seraient pris de droit parmi les pairs nommés à vie et siégeant à la chambre. Cette manière de nommer présentera de grands avantages, elle éloignera beaucoup d'intrigans; et quoiqu'il soit probable que le candidat du Gouvernement sera le plus souvent choisi, cependant l'honneur d'avoir été désigné par ses compatriotes ou ses collè-gues pour concourir au choix que devra faire le Roi, sera la plus belle récompense qu'on puisse accorder à un citoyen. Les pairs à vie y trouveront également un hommage rendu à leurs nombreux services, puisqu'il sera difficile de leur faire de passe-droit pour les places héréditaires lorsqu'elles viendront à vaquer.

La mesure que je viens d'indiquer, ne peut recevoir son exécution pour la formation actuelle de cette chambre. Les passions sont encore trop exaltées, des intérêts divers et souvent opposés, trop en présence pour qu'on puisse faire de bons choix; d'ailleurs il est une foule de pairs de l'ancienne chambre qui par leur belle conduite, leur concours à aider le Gouvernement et les services importans qu'ils lui ont rendus depuis qu'il est établi, ont des droits incontestables à faire partie de la nouvelle chambre et qui pourraient être méconnus. Ainsi je pense que le Roi dont la sagesse, la prudence et le discernement ont été si justement appréciés, devra faire cette première nomination; que nous devons entièrement nous en rapporter à son patriotisme et à ses lumières. Cette marque de confiance lui est due d'après tout ce qu'il a fait pour le bien du pays.

N'oublions jamais qu'il l'a préservé de l'anarchie et des troubles civils en se mettant à la tête du Gouvernement au moment de la tempête, et qu'il n'a pas hésité à quitter une vie paisible et patriarchale, pour en suivre une pénible et orageuse, afin de nous préserver de nouveaux malheurs; ainsi nous devons dévouement, honneur, respect et reconnaissance éternelle au Roi-citoyen.

RÉPONSE

DU DOCTEUR DESERIN

AUX LETTRES QUI LUI ONT ÉTÉ ADRESSÉES PAR LA SOCIÉTÉ

DITE

AIDE-TOI, LE CIEL T'AIDERA.

MONSIEUR,

J'ai reçu les deux lettres que vous m'avez fait l'honneur de m'adresser en date des 15 et 21 mars, et le prospectus qui était joint à la première.

Si je n'ai pas répondu de suite à votre première lettre, c'est que je voulais vous envoyer un exemplaire d'un Mémoire que je viens de faire imprimer sur le Gouvernement constitutionnel, dans lequel vous verrez ma façon de penser tout entière sur ce Gouvernement et sur l'état actuel des choses; il en est quelques-unes que je n'ai pu indiquer, ni faire imprimer; mais que je dirai au président du conseil, en lui en envoyant des exemplaires pour le Roi et ses ministres. J'insisterai beaucoup auprès de lui pour qu'il lui plaise mettre ma lettre sous les yeux du Roi.

Maintenant je vais vous dire mon avis sur vos propositions et sur vos projets : je ne les approuve point, et ne puis vous aider. Vous avez un Roi de votre choix et non du mien, que j'ai cependant adopté avec enthousiasme, parce qu'il est honnête homme; son conseil se compose et s'est toujours composé d'hommes qui se sont jetés corps et biens dans le mouvement de juillet, qui ne peuvent dès-lors reculer et qui ont droit à toute notre estime et notre confiance; je la leur donne et dois les laisser agir librement; s'ils marchent mal, je cherche à les éclairer par le raisonnement ou par des faits positifs et à les ramener sur la voie que je crois bonne. Je ne cherche point à faire de bruit, ni à me mettre en évidence, car j'ai d'éjà publié dix Mémoires sur divers points d'administration publique, et j'ai eu la satisfaction de voir presque toujours mes idées adoptées; cependant ils n'ont été connus que des hommes d'Etat auxquels je les faisais distribuer. Je pense, Monsieur, que les membres de la société, dont les vues peuvent être bonnes, feraient beaucoup mieux de suivre cette marche; ils aideraient le Gouvernement de leurs lumières et de leurs conseils, au lieu qu'ils ne font que lui créer de nouveaux embarras, en divisant les citoyens en plusiers classes.

Le but de cette association sera même trouvé mauvais par tous les hommes éclairés et sages, puisqu'il tend à dénaturer l'élection; il s'agirait de travailler les électeurs, surtout les nouveaux, pour obtenir des députés qui partageassent vos opinions : quoi! Monsieur, vous voudriez qu'on fît ce qu'on a si justement reproché au Gouvernement déchu? nul homme honnête n'oserait exercer de semblables manœuvres et se compromettre à ce point; le vote de chacun doit être l'expression libre de sa conscience, quoique votre lettre ne le dise pas positivement, cependant on ne peut attacher d'autre sens aux expressions qu'elle contient.

Je ne doute point que vos intentions et celles des membres de cette société ne soient pures et désintéressées; mais vous savez, Monsieur, combien ces réunions troublent l'ordre public en excitant les passions et les ambitions.

Vous aimez le Roi que vous avez nommé, vous le défendrez, dites vous; mais qui vous promettra que les événemens que vous allez faire naître ne vous domineront pas? Peut-on se dissimuler que d'ici à long-temps le pays ne soit condamné à de grands sacrifices, à de grandes privations? Nos ennemis ne cherchent-ils pas à faire tomber sur le nouveau Gouvernement cet état de malaise? ne parlent-ils pas déjà d'en changer et de nous donner la république en appelant une nouvelle convention, un nouveau Robespierre?.... Ce nom vous fait frémir! eh bien, Monsieur, j'ai l'intime conviction que dans l'état où en sont les choses, vos associations nous y conduiraient.

Quant à celle pour la défense du pays, j'ai fait ma profession de foi à cet égard; tout Français se doit au pays corps et biens, et toutes les fois que le Gouvernement établi me fera un appel légal, je lui dirai : Disposez de mes biens et de ma personne. Je ne vois pas pour cela la necessité d'une association particulière, lorsqu'il en existe une naturelle. Tout Français qui connaît ses devoirs envers le pays, sait que si l'étranger y

entrait aujourd'hui, ce serait pour le morceler, redou-
tant cette France riche, forte, et le centre de la civili-
sation qui lui donnerait constamment de nouvelles in-
quiétudes.

Croyez-moi, Monsieur, profitons de notre influence
auprès des masses pour leur faire sentir la nécessité de
l'union, de la résignation dans les sacrifices et du besoin
de la persévérance. Votre association doit diminuer la
confiance dans le Gouvernement; elle le met dans un
état de suspicion nuisible aux intérêts du pays, etc.

Telles sont, Monsieur, mes idées sur les associations
que vous me proposez de former, ce que je ne puis
faire; si le Gouvernement les réclamait, vous me ver-
riez le premier m'inscrire sur la liste.

Agréez, etc.

FIN.

9 782012 992238